EL PRIMERO...
DESEARTE

Poesía erótica entre mujeres

EL PRIMERO...
DESEARTE

Poesía erótica entre mujeres

Mabel Escribano Usero

Copyright © 2012 Mabel Escribano Usero
Copyright © 2013 Diseño de la portada: Elena Blanco Moleon
Copyright © 2012 Pintura de portada: Merlys Corpas.
Copyright © 20123 De esta edición. Eriginal Books

www.eriginalbooks.com
www.eriginalbooks.net

Email de la autora: escribano.mabel@yahoo.es

ISBN-13: 978-1-61370-020-4

Reservados todos los derechos. Ninguna parte de esta publicación puede ser reproducida, distribuida o transmitida, por ninguna forma o medio, incluyendo: fotocopiado, grabación o cualquier otro método electrónico, sin la autorización previa por escrito del autor, excepto en el caso de breves reseñas utilizadas en críticas literarias y ciertos usos no comerciales dispuestos por la Ley de derechos de autor.

All rights reserved

Printed in the United States of America

A ella, porque inspiró cada palabra de cada poema

Quiero agradecer a Marlene Moleon y a Merlys Corpas, la edición de este libro, que sin ambas no habría sido posible. Han sido amables y generosas conmigo aparte de mecenas. Mi gratitud a ambas. Y a todos cuantos me habéis animado a seguir escribiendo.

Muchas gracias.

MABEL ESCRIBANO USERO: POÉTICA DE NUTRIENTE EROTISMO

Mabel Escribano Usero nos presenta con este ejemplar su primer poemario. Poeta hábil en el manejo de lo erótico, que además se ahonda, y crece desde lo filosófico existencial, en el sentido vivencial sartreano, y desde un lenguaje rico, cromático, sensorial, que logra una conexión inmediata con el lector, que le permite instalarse segura, obligadamente, y con total holgura, dentro del círculo, de nuestros mejores poetas hispanos vivos.

El poemario fue estructurado en tres momentos, respondiendo a las tres caras desde las cuáles se percibe, el nacimiento y crecimiento del "deseo". Aspiración carnal, que deviene en expresión amorosa, y desde ese lugar cobra sentidos variados, que hacen a la complejidad de un yo lírico que se expresa sin "pelos en la lengua", de forma apasionada, abismal, desde las "tripas" de su apego a la vida.

La primera parte de este libro: EL SUEÑO DEL DESEO (11 poemas), expresa al mismo como una aspiración. Como la metáfora lo indica, es un sueño, una ensoñación, seductora por su intensidad, que sumada a la inmediatez del lenguaje, hace al lector eco del deseo, que aparece, sin tregua: **"Ser aire para entrar /al centro mismo de tu centro. / Dejarme gozar el placer de estar en ti, / dentro de ti, contigo"**. (RESPIRACIÓN).

El mismo es "sueño" del tacto, desesperado, acuciante: **"Corre mi sangre / por desfiladeros / empujando al corazón. / Su latido percusión salvaje / frenético ritmo / gritando tu nombre"**. (GRITO).

Es sin duda, el tacto, la imagen omnipresente en este comienzo: "**Tengo las manos / llenas de caricias / huérfanas de tu piel**". (ORFANDAD). Es que el mismo, hace a la expresión de lo erótico, en su lenguaje de piel, pero éste se muestra enteramente poético al traducirse la subjetividad en recursos de estilo, donde el agua como metáfora de lo deseado y la sed como metáfora del deseo, son imágenes recurrentes; así lo vemos ya en el muy logrado poema del comienzo (SIN TI), tomado por la musicalidad dada por su estructura formal envolvente, (se abre y se cierra con la misma palabra) que expresa ese estar dentro, sin salida, de un deseo que se apodera del hablante y le toma en su totalidad: "**Sed sin agua, / agua sin cántaro… / Pulmón sin aliento, / aliento sin vida…**"

La segunda parte: LA REALIDAD DEL DESEO (36 poemas), éste se hace carne, pero no por eso deja de ser aspiración, sino que muestra, en la medida en que se consuma, como se nutre y se hace más poderoso, en vez de agotarse: "**Dame el tiempo / de una sonrisa tuya, / el sonrojo embarazado de tu mirada, / cuando el placer te cruza de norte a sur, / y podré ver ese cielo en el que no creía/antes de conocerte**". (DAME).

Así se llega al descubrimiento del amor. Pues la pasión, cuando sólo es eso se agota en la obtención de lo deseado, pero en esta segunda parte se descubre, que este deseo es sólo un ingrediente del amor, y por lo tanto, al consumarse, no se agota, sino que crece: "**Me amaneces / aunque sé que declina mi día / me amaneces al mirarme / después de darme ese gemido / que ha llenado de ti este lecho. / Me amaneces…**" (ME AMANECES).

Y en consecuencia surge el miedo a la pérdida, con un intensidad que se corresponde a la del deseo, y a la aún mayor del amor. Por ende nace como un grito desgarrador, doloroso, y gracias al temor, incluso éste pleno de vitalidad, llega al tono amenazante: **"Si me dejas, / aprieta fuerte el acelerador, / haz que el motor acalle mi grito, / no me escuches..."** (SI ME DEJAS).

Esta segunda parte, es por lógica la que contiene la mayor cantidad de poemas, pues ella es deseo, más consumación del mismo, más el temor de perder el objeto amado.

Las imágenes más usadas en esta fase, son (contra lo que pudiera suponerse) mayoritariamente visuales y auditivas, no tanto las táctiles. Es que cuando se descubre que el deseo es también amor, el otro/otra, deja de ser un ser que sólo se anhela tocar con la piel, sino que aparece una complacencia en la mirada y en la música de la voz amada: **"fuego y hielo en el largo camino / hacia la fuente, donde la sed / termina por saciarse en una misma, / con la dicha de mirarse, / en el espejo / agua, imagen de "su otra"** (MI OTRA). La sed y el agua, permanecen con sus significados ya expresados, pero fruto del descubrimiento, de que luego de la consumación, no hay un consumirse, sino un sumarse el amor, paradojalmente y no ,es en la cercanía, cuando más se imagina al otro/a, porque el sentimiento descubierto hace que la complacencia en el tacto sea sólo un comienzo, que abre el placer de descubrirse parte de otro, y desde ahí contemplarse, en la plenitud que otorga lo que es expresado como el develarse de otro YO, en otro/a, que puede completar, y completa al hablante.

Es así, como sobre todo la mirada y la voz se apodera de esta segunda parte: **"He apagado las luces del cielo / quedándome con la de tus ojos / para leer en silencio / lo que tu voz no me dice"**. (LECTURA), **"...brisa en el** aire, / y en el agua, salta y brinca / gota imperceptible en el mar, / de la belleza de tu voz". (TU RISA).

La sonrisa, es puente entra la mirada y la voz, rincón floreciente donde la complicidad teje sus pactos entre el amor y el deseo.

La tercera y última parte, cierra el círculo de este crescendo así como de este poemario: LA PERMANENCIA DEL DESEO (29 poemas), donde se visualiza la continuidad del deseo más allá incluso de la lejanía física, respaldado por el amor, que lo hace omnipresente, incluso en la ausencia del objeto amado, y que lógicamente se acompaña de la nostalgia y el dolor: **"He rasgado la noche / con el puñal de mi deseo de ti, /abriendo brecha, /entre la imaginación y la nostalgia, /entre mi ardor y mi ternura. /Sangraba mi cuerpo / ansias del tuyo, / tan lejano..."** (RAPTO).

La sensualidad, se tiñe de dolor, pero sin dejar de ser expresión de vitalidad, fuerza interior que puja por mantener intacto los momentos vividos, y por luchar por repetir sin agotar... y sobre todo no perder, sino multiplicar: **"Todo el día ha sido noche, / las cortinas de mis ojos / no han querido abrirse. / No estabas tú...** (APAGÓN)... **"La gran semilla de tu amor / que ha germinado en mí, / ha creado un mundo mágico, / del que hemos tirado / en un agujero negro del espacio, / la única llave.** (LA LLAVE)... **"Me llevo el aroma limpio de este amor compartido /... ¿Quién podrá arrancarnos del río de nuestras venas? / Amanecerá..."** (SIN LLANTO).

Esta tercera parte, tomada por la nostalgia, se traduce, en la recurrencia de la imagen del vacío, y consecuentemente, los poemas vuelven a poblarse de la metáfora de la sed, con un dejo amargo, pero que no triunfa, sino que fortalece, y se potencia en nueva lucha…

El poemario se cierra con un texto, que es como el primero, también "un grito", sólo que éste no es sólo de deseo, sino de amor, sumado a la lejanía, la nostalgia, el miedo… lo que da paso a un terror de un **"Después"**, que se asemeja a la muerte, a la pérdida absoluta: **"Después de ti, / el gemido de una aurora, / que no ha de verme"**. (DESPUÉS).

Os invito ahora, a adentrarse en este universo donde son más las luces que las sombras, y donde la intensidad es la marca siempre, para que se sepa que no puede haber muerte mientras haya una gota de luz que habilite, un creer, un adentrarse, y un permanecer en las delicias halladas en el viaje por la vida.

Prof. Silvia Martínez Coronel
Enero de 2013, Uruguay

I
EL SUEÑO DEL DESEO

GRITO

Corre mi sangre
por desfiladeros
empujando al corazón.
Su latido percusión salvaje
frenético ritmo
gritando tu nombre.

SIN TI

Sed sin agua,
agua sin cántaro.
En mis manos
el tiempo se despereza
lento...
Asesinaría los minutos
con la cuerda de esas horas torpes.
Pulmón sin aliento,
aliento sin vida,
vida de otros,
otros sin horizontes,
horizontes robados a mis ojos,
ojos anegados de plata,
plata que es mar en el iris,
iris navegando por otro río,
río por no llorar mi barca,
en este mar de ausencias,
ausencias que dan sed
a mi boca.
Boca sedienta de tus labios
en este desierto donde agonizo.

ANHELO

Atraviésame
rayo salido del alma,
inúndame de tu luz,
párteme en dos,
sacude mi corazón
en tormenta marina,
olas contra rocas,
alcatraces de inmensas alas,
donde lanzar mis restos.

Atraviesa mis deseos
engarzados a tus tobillos,
rodaré por el suelo,
buscando el húmedo rastro.

Atraviesa este querer
ser tuya en ti,
pon en mí tu huella,
para que seas mía.

QUÉ NO DARÍA

¡Qué no daría por ser aire!

tomar tu piel dejando en ella mi aliento,

pasearme por el jardín de tu pecho,

sorprendida por el color de sus flores,

corolas de tus senos.

Lamer las dunas de tu piel,

simún de arena dorada,

buscándote oasis,

para dormir en ti

la sed de mi deseo.

ORFANDAD

Tengo las manos
llenas de caricias
huérfanas de tu piel.

RESPIRACIÓN

Ser aire para entrar
al centro mismo de tu centro.
Dejarme gozar el placer de estar en ti,
dentro de ti, contigo.
Abrir las puerta de tus labios,
entrar en tu boca,
levitar humedeciéndome en tu lengua,
ser gemido en tus pulmones,
grito de placer en tu garganta,
y finalmente suspiro,
abrigando el sueño
de dormir contigo.

LA VOZ DE LAS PAREDES

Escucho gemir a los amantes,
piel a piel.
Intuyo su sudor
imagino la agitación,
que eleva el pecho,
hacia el cielo de un placer,
que intentan sujetar,
maldiciendo su término.

Oigo sin querer oír,
deseando tus gemidos míos,
en esta noche en que sus gritos
me impiden soñar contigo.

SIN / SOBRE... ¡¡TRAS!!

Regreso de ti,
sin estar contigo,
de sonreírte y maldecirme,
de casi morirme,
por no poder besarte.

MARIPOSAS DE DESEO

Antes de que amanezca,
apagaré mis deseos,
en la ducha de un poema
dedicado a las mariposas,
que pueblan mi estómago,
cada vez que me sonríes
despertándome.

POEMA SOBRE TU PIEL

Quiero ser raíz de tu cuerpo,
rama de tu pensamiento.
Tomar de tu agua,
abriéndome a la nube de tu amor
sobre las hojas de mis besos.
Escribir poemas en tu piel,
usando el lápiz de mi lengua.
Quiero ser poeta sin poema escrito
en otras hojas que no sean
las de tus labios.

HACIA TI

Te alcanza mi pensamiento,
mis manos se cierran rabiosas,
huérfanas de tu cuerpo.

Suspiran mis poros abiertos de deseo,
sudando tu ausencia,
en este último día que se afana
haciendo la maleta para escapar.

Quiero montarme en su lomo,
atravesar el mar de mi necesidad de ti,
atrapándote contra la pared de la alcoba
de nuestros anhelos.

Buscar entre tus dientes y tus labios,
la lengua que me diga
entre gemidos
el camino cierto
de mi destino...

II
LA REALIDAD DEL DESEO

LECTURA

He apagado las luces del cielo
quedándome con la de tus ojos
para leer en silencio
lo que tu voz no me dice.

DAME

Dame el tiempo
de una sonrisa tuya,
el sonrojo embarazado de tu mirada,
cuando el placer te cruza de norte a sur,
y podré ver ese cielo en el que no creía
antes de conocerte.

DIME

Dime que las estrellas se han ido,
por no ver como brillan
tus ojos cuando me miras.
Los dioses caminan hacia el océano del universo azul,
dejándonos espacio para amarnos.
Muerdo las ataduras de rayos de luna,
que te suspenden sobre el mar
de mi fuego.
Dime que no me amas,
arañaré la montaña para sacarle
las entrañas que tú me vacías,
¡demonio de mi carne...!
Rasgo el velo de la noche
con las esquirlas rojas
de ese deseo que alborota las olas,
rompiendo las rocas con la espuma
de mis ansias.
No, no te escondas en mi profundidad,
no está allí la niña que buscas,
he dado permiso a mi ternura,

porque arde mi sangre,

y mis ojos lanzan llamas sobre tu piel

y grito, y sangro herida.

Ven, corre, salta por mis rocas,

lánzate y muere en mí,

renaciendo mujer, hembra,

presencia creadora.

Y si no soy capaz de enloquecerte,

que me quiten esta sangre,

y me aten a esta locura con las letras,

de tu nombre ardiendo sobre mi pecho.

AMENÁZAME

Amenázame con amarme,
con desvestirme el alma,
ahogándola a besos,
que no sabré ni querré aprender
a nadar en tu boca.
Me dejaré hundir
en el agua profunda de tus deseos.
Arrástrame hasta tu gruta,
manantial de vida,
y déjame morirme en ti
para renacer contigo.

TU RISA

Busco

dónde se esconde

esa risa que sé

nace en la isla de tu boca,

se hace fruta del árbol,

flor en el campo,

brisa en el aire,

y en el agua, salta y brinca

gota imperceptible en el mar,

de la belleza de tu voz.

PEREGRINAJE

Encontrarla a ella

sabiendo cuanto de ti sabes.

Querer entrar abordando

que te aborden

Ser abrazo

boca, lengua

peregrina de otra lengua

en busca del refugio

de su cuerpo en el tuyo.

No dormir

dejando la noche fuera

tiritando de frío.

MI OTRA

Todo es un tenerte en mí, dentro mío,

abriéndote caminos en mi pecho,

crisálida de vida.

Alas de mariposa, delicada sensibilidad,

recubierta de intocables sueños.

Rocío nublado que sólo limpia el sol de tu sonrisa,

evaporada en la tempestad del mar del dolor.

Todo es un tenerte con las manos abiertas,

ajena a barrotes, simulando flores

que te induzcan a libar,

cayendo en trampas que mi amor no tiene.

No hay alfiler en mis manos,

que quiera clavarte mi alma libertaria.

Te amo sin tocar el polvo de tus alas,

sin dejar de ser yo, sin torcer el hierro

que forjaron en mi vida,

fuego y hielo en el largo camino

hacia la fuente, donde la sed

termina por saciarse en una misma,

con la dicha de mirarse,

en el espejo/ agua, imagen de "su otra".

Sólo mi corazón se esconde,

sangrando tu dolor mío,

mientras mis lágrimas corren río abajo,

saltando sobre piedras de impotencia,

cuando tus ojos se ahogan en su propio llanto.

LLAMADA

Acomoda mi sed
a tu cuerpo, tu alma está
haciendo el amor con la mía
Acomoda mi deseo
de tenerte desnuda
echada junto a mí
deja que camine tu piel toda
sin tregua
bordeándola con mi lengua.
Vendré desde el inicio
de tu frente a saludar tu boca.
Aprésame
porque vengo a robarte
ese placer que brilla en tus ojos
despertándome con sus reflejos.
Átame antes de que
repte con mi boca tu cuerpo
en busca del calor
de la húmeda cavidad
donde tu cuerpo da vida y gime.

PRESA

Al acecho

espiral que toca

arrastra

solicita sin hablar

insinúa la caricia

y retira el cuerpo sin dejar

llegar la mano,

que frustrada gime.

Mujer felina

arañando los sentimientos y el deseo

ojos de gata

labios donde el placer clava los colmillos.

Cae sobre mí

lánzate de tu árbol

hiéreme

aprésame entre tus garras

hinca en mi alma

los dientes con fuerza

no me digas que me amas
ámame hacia dentro,
presa rendida
a tu necesidad de mí.

LENTA CARICIA

Es una caricia lenta...

sin prisa alguna,

que no pierde trenes,

porque en todos sube,

y de ninguno baja.

Una caricia de mirarse... mirarse... mirarse,

quedándose a un dedo de distancia,

oliendo el deseo...

aguantándolo como a un niño

que no le das "ahora" lo que quiere,

porque ha de comer, luego.

Es una caricia que enciende los ojos,

agita las aletas de la nariz,

hace subir el ritmo cardíaco,

y viene hacia ti diciendo... ¡Ahora...!

Aunque ahora, no es hora.

Es una caricia lenta,

que abre una sonrisa de entrega,

y poco a poco,

se acerca,

te aspira,

te ofrece la puerta entreabierta de la boca,

y dudas

y sientes casi pena de ahogarla

en un beso tan loco,

a ella

tan lenta

tan suave

tan cierta.

CONDENA I

Me condenas con tu insinuante sonrisa
tus gestos provocativos
cada vez más cerca
casi rozando mi piel, sin dejarme
que toque la tuya
mojarte la boca con tu lengua
en beso procaz e íntimo
a decir que no con la voz
mientras me gritas ¡Ven! con tu mirada.
Me condenas a desearte,
¡Condenada!

ME AMANECES

Me amaneces

aunque sé que declina mi día

me amaneces al mirarme

después de darme ese gemido

que ha llenado de ti este lecho.

Me amaneces

cantan los visillos pájaros

el sonido apenas perceptible

de una aurora que ha entrado

en tu sonrisa.

No quiero ver el sol,

los soles de tus senos

reviven mi universo

llenan mis galaxias de luces

atrapando mis manos en su fuego.

No quiero mirar atrás

me duele el tiempo perdido sin ti

las cien mareas del mar

que contemplé sin saber

que existías.

Me amaneces

nazco de ti,

me pare tu joven vientre

surco tus labios con el arado

de los míos

quitando el sudor de mi frente

con la esperanza pintada en tu cara,

que al besarme

me amanece.

ÉRASE

Se abren mis espacios
a tus caricias
mi tiempo se adormece en tu pecho
meciéndose en tu vientre
tu voz me cuenta historias
libros de maravillas que ignoro
mientras tus manos
se pasean libres por los espacios
de mi cuerpo.
Hay un silencio emocionado
las paredes miran
los espejos se apagan
la madrugada empuja a la noche
que no quiere irse sin escuchar
tu voz finalizar la historia.
El pájaro que anclado en el alambre
cantaba hace poco
asoma el pico para oír tu voz
decirme:
"Erase un amor, tan tuyo, tan mío
tan nuestro, que abría espacios
a la vida".

BELLEZA

Me quedé mirándote
maldiciendo mi torpeza
al no saber cómo pintar silencios
ante tanta belleza.

Saliste de la ducha con el pelo
chorreando sobre tu cara
la hermosa luz de tu sonrisa
hizo rebotar mi corazón
envidiando el agua
que te había tenido
desnuda entre sus brazos.

ARDOR

Se para el viento en la ventana

para verte los senos.

Los visillos hacen trampas,

dejándote presa

del aire que se filtra por las rendijas.

El cristal,

espejo caprichoso,

te hace el amor,

prendiendo tu imagen

de su lisa superficie.

Hace calor… tu piel suda mi deseo.

RASO EN ROJO

Danza, se eleva,

Salta, se mueve.

Vibra, se ondula,

engendra desde el alma,

pare desde sus caderas

el indomable movimiento.

Rasos rojos en vuelo

círculos en el aire,

fracks negros intentando tocar

la punta de la sensualidad,

escucha,

siente,

late,

palpita,

sus caderas buscan

el son del son,

ritmo, tentación,

sudor por entre sus senos,

y la voz haciendo el amor

con una orquesta desenfrenada,

mientras los ojos se escapan
por entre las piernas del vuelo
y entran.

CONDENA II

Condéname a morir,
buscando en tu mirada,
el mismo deseo que yo
siento por ti.
A vivir en el desierto
de mi cuerpo sin el tuyo.
Prémiame luego,
haciéndome espejismo
de tu sed ,bebiéndome hasta que
la arena llegue a tus labios,
gimiendo por beber agua,
en el pozo de los míos.

FUEGO

Picos de pájaros de fuego,

agujerean mis pezones,

abriéndose paso por mis senos,

tomando aliento sobre

la agitación de mis pulmones,

preparados para saltar sobre mi corazón,

en puro galope hacia el abismo del tuyo.

Arde el mar cuando envío

mis labios a buscarte,

se deshacen las nieves de

mis montañas blancas,

cuando rebota el eco

de mi voz diciendo tu nombre.

Quema el viento que

lleva el orgasmo de esa noche,

que se quedó quieta mirándonos,

y de ese lucero

tan suyo como nuestro.

Por el borde del acantilado,

camino mi deseo de ti,

mientras el sol mira sonriendo,

picos de pájaros de fuego,

dormitan sobre el grito

de mi cuerpo.

SI ME PIERDO

Si me pierdo en tus ojos,
no me des mapas,
que no quiero encontrarme
paria de una tierra,
sin el calor de tu piel.

Déjame gozar de tu cuerpo,
aspirar el perfume de tu alma,
bañarme en tu pecho,
arañar tu espalda con gemidos
recuperados del limbo de tu ausencia.

Saborear el encuentro de
dos caricias hechas una,
volando en el suspiro complacido
del placer mutuo.

Si me pierdo,
sin perderme,
déjame deslizarme por
el tobogán de tus iris de gata.

Que no me encuentre la música,
el agua ni el fuego,

haz desnudarse a la aurora

sobre el lecho del mar,

inventa un amante nacido

de una luna hambrienta,

preñada por un mar bronco.

Si ves pasar la vida que me dieron

portando la capa

del resto de mis días,

no te muevas, quédate en silencio.

Si me pierdo en tus ojos,

ocúltame cerrándolos, vida mía.

FUEGO II

Se nos prenden las miradas,

como hojas en ramas,

pestañas en párpados.

Un fuego nace,

le salen manos al silencio,

manos que escriben palabras

quemando en el pecho,

gritan queriendo salir

de mi calor al tuyo.

Te desnuda mi deseo,

tomando tu cuerpo.

Danzan nuestras bocas,

graznan gaviotas

enceladas.

Llora el cielo el abandono

de nuestros ojos,

azul inocente,

perseguido por una nube

enamorada.

CANTO A MI CUERPO

(Gracias Whitman , por enseñarme a amar mi naturaleza,
sin recortes, ni subterfugios)

Canto a mi cuerpo que me ha dado la capacidad de
engendrar, aguantar el dolor
saber distinguir el gusto del disgusto
oler las flores, ver el mar, soportar el viento
el frío, maldecir el hambre
defenderme del animal que llevo dentro.
Amo tu cuerpo como amo el mío
porque lo reconozco y busco en él
lo que a mí me complace.
Amo mi naturaleza pese a degradarse
porque ha pasado por el proceso de ser usada para ello.
Tu humanidad aún joven
porque la conozco y es par de la mía.
Así, manejo de ti, el mí
experta en el tacto, provoco tu placer
dándomelo a mí misma.
Alejo de mí a los puritanos

absurdos descreídos de la naturaleza
soy lo que dicen detestan
deseándome internamente en su cama.

Yo, soy tú
ese tú que no reconoces, la otra cara de tu moneda
la que escapa del domador y araña con fuerza el látigo.

Soy la hija del hombre
cuya debilidad, eyaculó en la tierra
fecundándose a sí mismo.

Canto a mi cuerpo de mujer, a mi sexo
lleno de fuerza aún en su otoño
que reta al tuyo, pese a todo
a no amarme.

SUTIL

Un rasgo de timidez
hace bajar los ojos
las pestañas se entornan
cierran la mirada.
Una caricia muda, intuida.
Calor entre los muslos
la sutileza de una sonrisa
un decir sin decir nada
mientras
nuestros cuerpos
se acercan
y hablan.

HERIDA ABIERTA

Como dos fieras heridas
enjauladas al unísono
nos miramos enfrentadas
a un amor deseo
en el centro de la misma pasión
donde el volcán llora
la imposibilidad de abrazar a la tierra
sin quemarla.

SIESTA

Ven amor,

acuna tu cuerpo en mí,

deja que acaricie tu cabello,

que suene esa música amada,

no temas al sueño si te embarga,

vigilo por ti

el aleteo de las gaviotas de tus pestañas,

cuento las olas

del batir de tus senos,

la brisa de mi respiración,

queriendo rozarte sin apenas tocarte,

duerme amor,

te cuida mi cuerpo,

te mecen mis brazos,

tan solo con pronunciar tu nombre.

MIRADAS

Te miraba

a escondidas,

desde mis miedos,

mis deseos,

mi timidez.

No sabía de ti más que tu aliento

puesto en palabras,

formando poemas,

que llegaban a mi

golpeándome el alma.

Te miraba,

aguantando la respiración

sin querer hacer ruido,

en un mundo de silencios.

Sin pretender que me vieras,

sin querer que dejaras de verme.

Te miraba como te miro ahora,

descubriéndote en cada parpadeo,

sintiéndote dentro de mí hecha sinfonía,

en la partitura de mi vida.

ÚLTIMO INSTANTE

Duerme en tu piel mi caricia,
atrapo el sueño en el que
no se si estás conmigo, aún así te beso.

En tu respiración,
el deseo de la mía
mientras muerdo tu boca,
con la pasión del último instante,
donde se acomoda la pequeña muerte.

TE DESPIERTO

Te despierto, amor,

envuelta en cotidiano día,

olor a café y tostadas,

piel anhelando que seas

toalla de mi acabada ducha.

Te despierto a golpe de besos

a manos indiscretas,

a música de risas,

a miradas de deseos.

Ansiando el abrazo de tu lengua

con mi lengua.

ENTREGA

Te doy
el espacio de mi alma,
las ventanas de mis ojos,
las paredes de mis brazos,
mi boca para besar tus labios,
mis labios para decirte al oído
apasionadas frases de enamorada.
Mi lengua para jugar con la tuya,
lamer cualquier herida que
si está en ti, es mía.

Te doy
la acera más ancha del camino de mi vida,
el cielo más azul de este espacio que me cubre,
las risas que abrigan mis tristezas,
y ese pájaro que vuela
del árbol a mi balcón,
que lleva tu nombre
como todo.

JUEGO

Jugamos a buscarnos,

a encontrarnos sin vernos,

mis pasos intuyen los tuyos.

Se agita el pecho esperando,

queriendo sin decirlo.

Doblas la esquina de mi sombra,

te cierro el paso con mis labios,

apresándote en un beso,

del que me haces prisionera.

Cierran tus senos,

los barrotes de mis dedos,

candados los tuyos sobre mis caderas.

Gira el faro su rubor,

calma el mar su marea,

la luna entorna los ojos,

mientras se desnuda cómplice,

la madrugada.

REGRESAS

Vuelves y mis brazos se abren,
a tu imaginación creadora.

Rayos de luz en tus ojos,
abren los balcones de tu mirada,
donde la belleza nace
de cada cosa que ves y acaricias.

Me baño en tus letras,
llenándome una vez más de tu poesía,
respirando el aire de este amor,
que crece al leer tu alma,
acariciándola, letra a letra.

EN TI

Sobre el aire,

beso la nube de tu ansiedad en la mía,

piel suave, música y terciopelo,

cuerdas de guitarra, tacto de seda,

forma de hembra, loba nocturna.

Todo es agua en los canales de tus muslos,

navego naufragando en mi propio deseo,

doradas sombras cierran las cortinas

de tus ojos con mi imagen dentro.

Busca tu boca el muelle beso de mis labios,

y somos un sólo cuerpo herido de amor,

laxo en el orgasmo de la vida.

Mantea el aire las copas de los árboles,

mientras susurro tu nombre,

llena de ti con sabor a tu mar.

Un perro olisquea en la playa

nuestra ropa hecha espuma

y en casa...

los visillos bailan con la brisa,

sin tocarse.

¿CÓMO...?

¿Cómo no perderme
en el maravilloso
universo de tu espalda?
Desde la cárcel donde
mi deseo se agita,
contemplo las dos caras
que conforman
las incitantes curvas de tus nalgas,
sobre las columnas dóricas
de tus muslos y tus piernas.
Duerme la belleza,
la suave constancia del envés,
donde crece y nace la vida.
¿Cómo no perderme buscándote,
si soy polen del árbol de tu piel,
astronauta del aire que te respira?

AMOR

Si tan sólo fuese pasión,
arderían los costados,
por la presión de los brazos
en nuestros cuerpos.
Volcanes en los ojos,
entretenidos mirando los pechos,
bajando por las caderas
atropellando con magma ardiente,
el inicio de los sexos.
Si tan sólo fuese eso,
pero es mucho más y por serlo,
despierta encauzando
la lava hirviente al mar,
abrazándola volviéndola tierra.

Sembramos entre risas
las cepas de la complicidad,
haciendo crecer las viñas de la templanza,
el vino de la ternura mana de nuestros senos,
cuando mirándonos,
nuestros amor sonríe,

cerrando la luz del firmamento,

dando paso a nuestro fuego.

ENCUENTRO

No hay sima más profunda,
que la que tu alma ha tallado
en la mía.
Cúrame las cicatrices
de este corazón con tus labios,
curaré las tuyas con los míos,
hallaremos reposo
en el suave terciopelo
de esta madrugada,
hija de la noche en la que
nos encontramos tu y yo solas,
en el río del abandono.

SI ME DEJAS

Si me dejas,
aprieta fuerte el acelerador,
haz que el motor acalle mi grito,
no me escuches,
estate atenta a la tormenta.
Si el cristal de tu coche se empaña,
con el agua que la nube
robó al mar y al río,
limpia el parabrisas
sin dibujar mi nombre.
Si me dejas,
no mires ese camino secundario
de pinos y florestas,
donde nos amamos.
No te distraigas,
busca la carretera general,
pon gasolina y corre,
¡Corre!
No sea que
recuerdes cómo y cuanto te amo,

regresando cuando la lluvia haya borrado

de tus pasos,

los míos.

MURIÉNDOME

En este irme muriendo día a día,
salto de rabia de no saber a dónde irá
esta energía, que me hace reír contigo
a cualquier sitio o a ninguna parte,
seré abono de una flor menuda y pálida,
o mosca muerta por un rabo de mula,
grano de arena,
soplo de instante,
lágrima de una adolescente,
nota de música.
Tal vez un saxo recuerde que la amé.
En este morirme cada día te miro,
y pienso en ser viento para levantar
tu pelo y mirar la blancura de tu cuello,
donde un par de lunares
son míos, siendo tuyos.

III
LA PERMANENCIA DEL DESEO

DE LA MISMA RAMA

Comparto tu silencio,
mirando esa vida que es la tuya.
Hoja de tu misma rama,
algo lejos del tronco al que te atas.
Oscilo con el viento,
intentando alcanzarte.
Sujeto mi esperanza con fuerza,
balanceándome en ese juego
de ser y estar en tu vida,
consciente, segura y firme
en la mía.

APAGÓN

Todo el día ha sido noche,

las cortinas de mis ojos

no han querido abrirse.

No estabas tú,

te llevaste la llave de la celda,

y el sol preso

canturreaba feliz,

en la cárcel de tu risa.

RAPTO

He rasgado la noche
con el puñal de mi deseo de ti,
abriendo brecha,
entre la imaginación y la nostalgia,
entre mi ardor y mi ternura.

Sangraba mi cuerpo
ansias del tuyo,
tan lejano que
he entrado en tu noche,
robándote el sueño mientras dormías,
para hacerte el amor,
dentro del mío.

VIVIR – SOBREVIVIR

Sobrevivo a tu dolor,
haciéndolo mío,
porque sé que caer en la pena
no es lo que quieres,
ni lo que quiero.
Juego contigo en ese balancín de equilibrio,
donde tú lloras y yo seco tu llanto.
Donde yo caigo y tú
me das la mano de tu sonrisa,
con fuerza suficiente para levantarme.
Vivimos y sobrevivimos,
amándonos.

SOÑÁNDOTE

Mientras dormía te he amado,

sintiendo en mí

el fuego de tu amor.

He despertado con la envidia

de no poder seguir en ti,

ni tú conmigo.

Barrotes de la distancia…

Golpeé con rabia la almohada,

donde estabas hace un segundo,

abriendo mis brazos a los tuyos,

en una caricia que no he podido

terminar de dar.

¿CÓMO? II

¿Cómo abandonar el árbol
que has plantado en mí,
dándome alimento y sombra?
¿Cómo respirar sin pulmones?
¿Llevar sangre al corazón,
sin ríos de venas
que lo alcancen?
¿Cómo navegar por la ilusión,
soñando con llegar a puerto,
para acariciarte?
¿Cómo olvidarme de amarte?
Es imposible amor,
no puedo dejarte
sin dejarme.

SIN TI II

Cuando no te duermo
entre mis brazos,
cuando el mundo deja de ser mío,
para ser de cualquiera,
envidio al que
por no tener nada,
nada añora,
o por tenerlo todo,
nada pide,
y bajo el agua que dejo,
se adueñe de mi cuerpo,
suspiro,
tragándome la vida
que pierdo,
al no estar contigo.

ESCONDITE

No quise marcharme del todo,
dejé el tiempo de mi otoño,
que ella hizo primavera, bajo una baldosa
escondido de mi misma,
Jugué a matarlo en lugar de perderlo.
Los días, dejaron de pasar al amanecer,
haciéndolo de puntillas, en la oscuridad de la noche.
Me olvidé de ellos, como se olvidan
los periódicos de ayer,
las noticias que dejaron de serlo,
los pantalones cortos del adolescente,
las trenzas de la muchacha
que se hizo mujer,
sin que el padre lo percibiese,
con la sonrisa cómplice de la madre.
No miré el calendario,
al bajarme del avión,
sentí el vacío de mi tiempo,
escondido bajo una baldosa,
llené mis pulmones

de pesadas inspiraciones,
llorando hacia dentro para,
no salir volando como un globo
cargado con el helio
de su ausencia y mi vacío.

A DIARIO

No tengo más consuelo
que el pintado en el espejo,
sobre el vaho que la ducha propicia.
Frágil momento que se escapa,
cuando el aire besa el cristal,
borrando mi esperanza.
No hay más belleza
que aquella que yo misma creo,
con el cincel y la escarpia
de mis sentimientos.
El silencio deja paso a la vida
poniéndome en mi sitio.
Pago facturas,
compro, voy al médico,
me quejo del gobierno,
escucho a mis amigos,
mis amigos me escuchan.
Regreso a casa vestida de vacío,
conozco tan bien su olor y su sabor,
que no grito,

no me enfado,

no maldigo.

Enciendo el ordenador,

Nina Simone canta

irremediablemente "Crazy" y yo...

vuelvo a poner su nombre,

sobre el vaho de la red.

LECTURA II

Abro el día,

leo sus noticias,

las mismas nubes de ayer,

impresas en un cielo

que ha dejado de interesarme.

No dicen nada nuevo.

Duermes,

aún no has abierto la carta de tu mañana,

todavía rozas un ayer que ya no tengo.

Se me escapa un minuto

para jugar con tu pelo,

de la mano de un pensamiento iluso.

Te veo dormir sin verte,

te acaricio sin tocarte,

lleno el vacío de mis manos,

acercándome a las tuyas,

tan en silencio,

que ni tu sueño me percibe.

Abro la ventana y sorprendo al día,

leyéndome.

EDÉN

Entro en la habitación
donde hicimos el amor,
se acelera el ritmo de mis venas,
la sangre hace carreras
por el campo de mi cuerpo.
Recorro el tuyo abrazándolo,
retrocedo en la memoria,
y lo asumo ahora, en este instante,
desnudando todo aquello que
puedo tomar entre mis brazos,
acariciar con mis manos,
lamer con mi lengua,
quemar con mis ojos.
No importa si es mañana o tarde,
si entraron a limpiar la habitación,
si el hotel cerró por reformas,
no importa si no me dejaron viajar,
con un electrocardiograma casi plano,
en lugar de billete electrónico,
si perdí el avión, y volé sobre un

viejo poema enamorado de ti,
escrito con mi alma.

Estoy contigo,
en la habitación donde nos amamos,
y te tomo como se toma
aquello que no se ha tenido,
durante un tiempo,
casi imposible de soportar.

Te tomo con ardor,
con rabia,
con fuerza,
hincando mi boca en la tuya,
asfixiando tu cuerpo contra el mío,
queriendo parar el tiempo,
en esta habitación con vistas
al edén de tu cuerpo.

LA LLAVE

He revuelto contigo
las sábanas de la vida,
tocado el universo infinito
de eso que llaman placer,
he gemido a tu lado
el ser genuinamente primitiva,
precisar tu piel,
tu aliento,
tu voz,
enloquecer teniéndote
en libertad alada,
llorando en tu boca
la alegría de tu deseo,
abrazando al mío.

La gran semilla de tu amor
que ha germinado en mí,
ha creado un mundo mágico,
del que hemos tirado
en un agujero negro del espacio,
la única llave.

DUCHA

Caen sobre mí

las mil gotas

del agua que me despierta,

del soñar contigo.

Rememorándote con alegría,

recorren mi piel,

cientos de perlas transparentes,

y doscientas color llanto,

con las que no contaba.

HORIZONTE

Hoy no tengo más color,
que el de tus palabras,
pintando el amor en ellas,
con el pincel de tu boca.

Sin querer hacerlo,
lloro tu ausencia, tu lloras la mía,
tomo aire,
dejando emigrar mis lágrimas,
golondrinas de nostalgia
camino de tu costa.

Bajo las escaleras,
respiro; hablo,
vuelvo a simular,
vivo sobre la cuerda floja
de mi sonrisa forzada.

DESEÁNDOTE

Que me desespera este no tenerte,
y ahogo el tiempo de mi piel
en beber tu imagen,
emborrachándome de ti
tambaleándome por las calles
de mi imaginación,
arrastrando mi deseo
por el recuerdo de tu cuerpo,
hincando mis manos
en los senos de tus senos,
perdiendo mi boca
en la desesperación de masticar
las letras de tu nombre entre tus labios.

Infierno anhelado,
fuego de los míos, secos de ti,
borrachos de esta maldita espera.

SED

Te alcanza mi pensamiento

se cierran rabiosas mi manos

huérfanas de tu cuerpo.

Mis poros abiertos al deseo

sudan tu ausencia en un silencio

que es grito entre mis piernas.

Quiero atravesar el mar de mi necesidad de ti

apoderarme del calor de tu cuello

musitarte mis fantasías en tu oído.

Recorrer el camino de tus hombros

vagar por los montes de tus senos

al prado de tu vientre

hasta el puente de tu pubis

bajo el cuál, fluye tu río

donde mi cuerpo sueña

con saciar su sed.

ETERNA

Explico mi ceguera a la arena,
de un mar sin olas;
las gaviotas lloran su vuelo,
bajo un cielo castigado
con un manto de nubes.
Cuento la arena,
intuyo sus dorados brillos.
La eternidad es esto,
volver a esperar en la oscuridad,
que nazcan y mueran los días,
quitando los ladrillos del calendario,
para abrir un hueco en tu ventana,
que devuelva la luz a mis ojos.

AUGUSTO-AGOSTO

Regreso por la sombra de otros,
por mi sudor,
por el silencio de mi voz,
intentando escuchar la tuya.
Sé que no estás,
pero te busco,
quiero comentarte
que hace tanto calor,
que me duele la cabeza de pensarte,
que tu mano no alcanza mi frente,
que estoy algo loca,
aunque nadie me lo dice,
salvo tu risa, cuando ves que no entiendo
lo que no entiendo.
Regreso a una casa donde no duermes,
donde te sueño,
donde te imagino,
donde dejo de imaginarte
y escribo,
escribo que quería comentarte...
pero ya sé que no me oyes.

ESPERANZA

Saber que existes,
tormento de esta separación anunciada.
Esperar, ventana abierta,
moviendo los visillos del dolor
amargo de tu lejanía.
Sonreír por fuera,
sangrando heridas en un abrazo
que ha de romperse.
Te dejo en el mar, mi alma,
prenda de mi amor para la tuya;
borraré el tiempo con el tiempo,
mientras me guardes
en tu boca la palabra,
y en tus ojos la esperanza.

SIN LLANTO

No,

no me trago cristales de nostalgia,

ni lloro letanías de rosarios apenados.

El tiempo del llanto navega por un río ajeno

donde las crucificadas noches,

gritan cobardes penas.

Me llevo el aroma limpio de este amor compartido.

¡¡¿Quién nos arrebatará lo vivido?!!

¿Quién podrá arrancarnos del río de nuestras venas?

Amanecerá,

me fui para volver.

No dejaremos a la oscuridad haciéndonos compañía,

tomaremos el fuego que aún prende,

las chispas de tus besos y los míos,

para ponerlas mañana,

en el cielo de la alegre memoria

de nuestros abrazos.

PERDIDA

Me he quedado sin sombra,

no quiso volver conmigo.

Abrazada a la tuya,

duerme dulcemente, lejos

muy lejos de mi tristeza.

PROPUESTA

Esta noche,

métete en mi sueño,

dejaré una pestaña abierta

simulando un descuido.

Deslízate por el iris de mis ojos,

agarrada a ese mechón de tu pelo que se fija cada noche en mi retina.

Esta noche entra en mí,

desbarata mis recuerdos,

el desván de mis emociones,

y no te vayas sin decirme,

¡Te quiero!

AGONÍA

Me sé esta noche de memoria,
las mismas sábanas de desaliento,
esa almohada tullida sin brazos,
incapaz de rodear mi cuerpo;
ese buscar tus labios, cuna de los míos,
donde sé que nunca voy a encontrarte,
ya te he dicho... me sé esta noche de memoria.
¡La tengo tantas veces repetida!

MIENTRAS TE PIENSO

Crepita el fuego
sobre sus rojas lenguas
leo los poemas que nacieron
en ti, esos que escribí
acariciando tu espalda
besando tu recuerdo
cerca y lejos.
Crepita el fuego
mientras chisporrotean los días
los meses gimen quemándose
vuelan las hojas del calendario
preciosas aves
de estaciones distintas.
Desaparecen los troncos bajo el fuego
mi libro duerme junto a mis pies
Tú hablas conmigo
mientras te pienso.

EL BESO

He besado el recuerdo,
volcando mi imaginación en aquel primer beso
largo e intenso,
donde por sorpresa tomé su boca,
y en un alarde casi circense,
sus labios recobraron la maestría,
haciéndome subir a un paraíso,
de taquicárdicos escalones.
Fue aquella una guerra de labios,
de procaces lenguas,
de lanzas sin punta en forma
de dientes blancos,
buscando herir en el placer,
sangrando el deleite de un beso,
engarzado en cientos.
Tras los cristales
aullaba el viento de un cielo rojo.
He besado la memoria
de un infinito beso,
que no fue el primero de ninguna de nosotras,
pero fue, el nuestro.

DESESPERADAMENTE

Cuento días y ausencias,

enjaulo los besos hartos de no encontrar tu boca,

ahítos de comer recuerdos

de besar ausencias que no devuelven

otra cosa que la misma ausencia,

se me muere el vacío

en el hueco de mis brazos y son de mis manos,

los llantos de hambre de tu piel,

mi cuerpo hace huelga sin el tuyo,

ya queda menos, lo sé...

Mi voz se ha ido a buscarte,

nada entre las olas de tus miradas,

mientras de este lado,

rompo calendarios,

empujo meses días y horas,

esperando

desesperadamente.

ALBA

Esperar

dejar al cuerpo dormir

mecerlo en la noche

cantándole la nana de tu imagen.

Recibir el alba

con la mente en tu piel.

Balcón de la añoranza

suave raso nocturno

partitura sin otra clave

que la distancia.

Memoria de tu olor

nace la luz sobre tu piel

tan deseada de mis manos.

SIN VERTE

No eran los números del calendario,
ni las letras de los días,
eran los poemas vertidos a modo de puente
entre tu mar y el mío, quienes los unían,
dejando que se besaran.
Por un tiempo jugamos a sabernos lejos,
sintiéndonos cerca,
y ganamos las dos
aunque perdimos tantos besos,
tantas palabras, tantas miradas.
Pero no importa el agua que la lluvia pierde,
importa aquella que humedece la tierra,
dando fruto cuando la besa el sol
y la música del aire baila con su simiente.
No, el calendario sigue ahí
pegado a esa pared mientras,
cierro los ojos guardando mis miradas
en la maleta, para no perder ni una más
sin verte.

DESPUÉS

Después de ti, el silencio,
vinagre de uva maldita
piedra caliza, deshaciéndose
en las manos temblorosas
de un anciano que olvidó
la suavidad de una caricia.
Plata sin bruñir,
salitre dañando el casco del barco,
que varado sin tu agua,
gime añoranzas de mares verdes
y arenas blancas.
Después de ti,
el gemido de una aurora,
que no ha de verme.

ACERCA DE LA AUTORA

Mabel Escribano Usero está excelentemente conceptuada como poeta dentro de España y en otros países de habla hispana. De hecho tiene varios premios: Primer Premio en el Concurso Internacional Yo soy mujer y Primer premio de Poesía en La otra zona B.

También ha tenido menciones del Alcalde de Miami por sus intervenciones en el III y IV certamen ELILUC de Miami, Encuentros Literarios Internacionales.

Sus poemas han aparecido en la revista *Galicia Única*. Escribió para el periódico *La hora Leonesa* artículos de política, poemas y una divertida historieta semanal titulada

La tertulia de Doña Camino. Ha publicado también en la *Revista Internacional de Brasil* varios videos y poemas.

http://sociedadedospoetasamigos.blogspot.com.es/

Ha sido entrevistada por Guadalupe Divina, la revista *Oteando* de Puerto Rico y para varios programas radiales en Argentina y España.

En Chile, Argentina y Perú se han llevado a cabo talleres sobre sus poesías eróticas, y también ha ofrecido varios recitales en Barcelona y Montevideo.

Mabel Escribano Usero ha representado a España junto a otras poetisas internacionales en el prestigioso blog "Poemas de Mujeres".

https://www.facebook.com/escribano.mabel
http://poemasentremujeres.blogspot.com.es/
http://poemasamimanera.blogspot.com.es/
http://mabelcuenta.blogspot.com.es/
http://entrenosotrasmismas.blogspot.com.es/
http://www.youtube.com/user/mescribano1
http://mabelenminuscula.blogspot.com.es

Email de la autora: escribano.mabel@yahoo.es

Índice

MABEL ESCRIBANO USERO:
POÉTICA DE NUTRIENTE EROTISMO / 9

I. EL SUEÑO DEL DESEO / 15
   GRITO / 17
   SIN TI / 18
   ANHELO / 19
   QUÉ NO DARÍA / 20
   ORFANDAD / 21
   RESPIRACIÓN / 22
   LA VOZ DE LAS PAREDES / 23
   SIN / SOBRE... ¡¡TRAS!! / 24
   MARIPOSAS DE DESEO / 25
   POEMA SOBRE TU PIEL / 26
   HACIA TI / 27

II. LA REALIDAD DEL DESEO / 29
   LECTURA / 31
   DAME / 32
   DIME / 33
   AMENÁZAME / 35
   TU RISA / 36
   PEREGRINAJE / 37
   MI OTRA / 38
   LLAMADA / 40
   PRESA / 41
   LENTA CARICIA / 43
   CONDENA I / 45
   ME AMANECES / 46
   ÉRASE / 48

BELLEZA / 47
ARDOR / 50
RASO EN ROJO / 51
CONDENA II / 53
FUEGO / 54
SI ME PIERDO / 56
FUEGO II / 58
CANTO A MI CUERPO / 59
SUTIL / 61
HERIDA ABIERTA / 62
SIESTA / 63
MIRADAS / 64
ÚLTIMO INSTANTE / 65
TE DESPIERTO / 66
ENTREGA / 67
JUEGO / 68
REGRESAS / 69
EN TI / 70
¿CÓMO...? / 71
AMOR / 72
ENCUENTRO / 74
SI ME DEJAS / 75
MURIÉNDOME / 77

III. LA PERMANENCIA DEL DESEO / 79
DE LA MISMA RAMA / 81
APAGÓN / 82
RAPTO / 83
VIVIR – SOBREVIVIR / 84
SOÑÁNDOTE / 85
¿CÓMO? II / 86
SIN TI II / 87

ESCONDITE / 88
A DIARIO / 90
LECTURA II / 92
EDÉN / 93
LA LLAVE / 95
DUCHA / 96
HORIZONTE / 97
DESEÁNDOTE / 98
SED / 99
ETERNA / 100
AUGUSTO-AGOSTO / 101
ESPERANZA / 102
SIN LLANTO / 103
PERDIDA / 104
PROPUESTA / 105
AGONÍA / 106
MIENTRAS TE PIENSO / 107
EL BESO / 108
DESESPERADAMENTE / 109
ALBA / 110
SIN VERTE / 111
DESPUÉS / 112

ACERCA DE LA AUTORA / 113

www.ingramcontent.com/pod-product-compliance
Lightning Source LLC
Chambersburg PA
CBHW032141040426
42449CB00005B/342